Couverture inférieure manquante

Direction générale des Postes et des Télégraphes

MANUEL

DES

Agents des Postes et des Télégraphes

PAR

FÉRET DULONGBOIS

Commis de Direction, à Caen

RENNES

TYPOGRAPHIE OBERTHUR

1896

MANUEL

AGENTS DES POSTES ET DES TÉLÉGRAPHES

Direction générale des Postes et des Télégraphes

MANUEL

DES

Agents des Postes et des Télégraphes

PAR

X' FÉRET DULONGBOIS

Commis de Direction, à Caen

RENNES
TYPOGRAPHIE OBERTHUR
—
1896

PRÉFACE

Les diverses circulaires et les nombreuses instructions pouvant intéresser le personnel ont été réunies
et coordonnées dans le *Manuel des Agents des
Postes et des Télégraphes*, après avoir été, toutefois,
allégées de toutes les parties devenues ultérieurement
inutiles, par suite des changements survenus dans les
règlements.

Rédigé sans prétention, sous une forme pratique,
ayant seulement pour objet de rendre quelques
services, ce manuel paraît, dans ces conditions,
répondre à un véritable besoin.

Je m'estimerai heureux si, en présentant ce travail,
je parviens au résultat que je m'étais proposé, c'est-
à-dire faire, en dehors de tout intérêt personnel et de
toute préoccupation pécuniaire, une œuvre profitable.

Mais, comme l'a dit avec juste raison le bon Lafontaine,

>...Qui n'a dans la tête
>Un petit grain d'ambition?

Quant à moi, mon ambition aura été de me rendre utile.

X^r FÉRET DULONGBOIS,

Commis de Direction, à Caen.

PREMIÈRE PARTIE

Personnel masculin

Aspirants surnuméraires

(Bulletin mensuel 1893, page 103)

L'admission temporaire d'aspirants surnuméraires dans les bureaux a eu pour but de permettre aux candidats étrangers à l'Administration, qui désirent entrer dans les cadres, de prendre part au service, de manière à acquérir des connaissances professionnelles et d'augmenter ainsi leurs chances de succès au concours pour le surnumérariat. Les aspirants surnuméraires sont admis, en effet, à subir les épreuves facultatives concernant les connaissances postales ou télégraphiques.

Tout candidat aspirant surnuméraire doit se présenter devant le Directeur du département, et remettre à ce fonctionnaire une demande d'admission établie sur papier timbré de 0 fr. 60; il doit joindre à cette demande toutes les pièces nécessaires pour la constitution de son dossier. Ces pièces sont les mêmes que celles à fournir par les candidats au surnumérariat. Le dossier, ainsi constitué, est transmis à l'Administration, qui s'est réservée le soin de statuer sur ces sortes de demandes.

Admission à l'emploi de surnuméraire

(Bulletin mensuel 1891, page 7)

Pour être admis à prendre part au concours pour le surnumérariat, les candidats doivent satisfaire aux conditions ci-après :

1° Être Français ;

2° Être âgé de dix-huit ans au moins et de vingt-cinq ans au plus au 1er janvier de l'année où a lieu le concours d'admission.

Par exception, sont admis jusqu'à vingt-huit ans, les postulants qui peuvent justifier de trois années de participation au service des Postes et des Télégraphes, soit en qualité de receveur, soit en qualité d'aide, ainsi que ceux comptant trois années de service militaire. Mais si le candidat compte moins de trois années de service et plus de vingt-cinq ans d'âge, la limite d'âge de vingt-cinq ans est reculée d'une durée égale à celle des services.

3° Avoir la taille de 1m54 au moins ;

4° Posséder l'aptitude physique nécessaire, n'avoir aucune infirmité, et établir qu'on a été vacciné ou revacciné depuis moins de dix ans ;

5° Être agréé par le Directeur général ;

Les commis auxiliaires, les expéditionnaires des services administratifs et les sous-agents sont autorisés à prendre part au concours.

Le programme comprend des épreuves obligatoires et des épreuves facultatives.

Les épreuves obligatoires sont les suivantes :

1° Dictée ;

2° Rédaction d'une note ou d'une lettre sur un sujet donné ;

3° Arithmétique, jusque et y compris les proportions, le système métrique ;

4° Géographie physique et politique de la France, et géographie générale des cinq parties du monde.

5° Physique et chimie (notions élémentaires générales, notions particulières sur l'électricité et la formation des courants dans les piles).

Les épreuves facultatives comprennent :

1° L'algèbre élémentaire ;

2° Géométrie pratique, mesure des surfaces ;

3° Dessin linéaire ;

4° Langue anglaise,

5° Langue allemande, | Thème et version sans

6° Langue italienne, (dictionnaire ;

7° Langue espagnole, /

8° Connaissances postales ;

9° Connaissances télégraphiques.

Le concours a lieu au chef-lieu de chaque département.

Constitution des dossiers

Les candidats aspirants surnuméraires et les candidats au surnumérariat, étrangers à l'Administration, sont tenus de se présenter devant le Directeur départemental, d'établir sous les yeux de ce fonctionnaire une demande à concourir faite sur une feuille de papier timbré de 0 fr. 60, et de lui remettre les pièces désignées ci-dessous :

1° Un extrait de son acte de naissance ;

2° Un extrait du casier judiciaire ;

3° Un certificat du maire de sa commune, constatant qu'il est de bonnes vie et mœurs, et qu'il est de nationalité française ;

4° Le cas échéant, une copie certifiée conforme de ses diplômes de baccalauréat ou de licence ;

5° Un certificat de vaccination ;

6° Enfin, et s'il y a lieu, un relevé de ses services militaires et un certificat de bonne conduite au corps.

L'acte de naissance, le certificat de bonnes vie et mœurs et de nationalité française et le certificat de vaccination doivent être établis sur papier timbré et dûment légalisés.

Commis ordinaires et commis principaux

(Circulaire du 1er septembre 1893)

Le personnel des commis se recrute parmi les surnuméraires bien notés aux divers points de vue de la conduite, de la tenue et du service.

Le personnel des commis principaux est choisi parmi les commis au traitement de 3,000 francs ayant des notes de choix.

En ce qui concerne les commis, il est bon de rappeler que la loi du 15 juillet 1889, en son article 7, porte que *nul n'est admis dans une administration de l'État s'il ne justifie avoir satisfait aux obligations imposées par la loi militaire.*

L'Administration des Postes et des Télégraphes, se conformant à cette disposition légale, a décidé que les surnuméraires ne pourraient être nommés commis titulaires, qu'après avoir satisfait aux obligations de la loi sur le recrutement de l'armée.

Aux termes d'une autre loi en date du 18 mars 1884, certains emplois civils ont été réservés aux sous-officiers ayant quinze ou dix années de service, dont quatre ans au moins avec le grade de sous-officier. Par suite de l'exécution des prescriptions de cette loi, un tiers des emplois de commis disponibles est destiné aux sous-officiers.

Le traitement de début des commis est fixé à 1,500 francs; il peut s'élever par échelons successifs de 300 francs jusqu'à 3,000 francs. (*Bulletin mensuel*, 1893, page 141).

Les traitements des commis principaux dans les directions et les recettes sont · 2,700 francs, 3,000 francs, 3,300 francs, 3,600 francs et 4,000 francs.

Cas particulier
des commis auxiliaires à 1,400 francs nommés commis à 1,500 francs

(Bulletin mensuel 1894, page 191)

Conformément à l'avis émis par le conseil d'administration, M. le Directeur général des Postes et des Télégraphes a pris, le 23 juillet 1894, la décision suivante, relative aux tableaux d'avancement :

« Les commis à 1,500 francs qui, lors de leur titularisa-
» tion, possédaient la rétribution de 1,400 francs en qualité
» de commis auxiliaires, bénéficieront, pour la promotion
» à 1,800 francs, de la moitié du temps passé à 1,400 francs. »

Agents des brigades de réserve

(Bulletin mensuel 1895, page 71)

Par un arrêté du Directeur général en date du 12 mars 1895, il a été constitué, dans les principales villes, des brigades de réserve qui ont pour but de fournir les renforts de personnel nécessaires dans les stations balnéaires, estivales et hivernales.

Les agents de brigades de réserve, choisis parmi les *commis* les mieux notés, au courant des deux services, ont droit aux frais de séjour fixés par l'arrêté du 15 mai 1894, à partir du jour inclus de leur départ de leur point d'attache jusqu'au jour inclus de leur rentrée à ce point. Ils ne reçoivent pas de frais de déplacement en chemin de fer.

Les villes pourvues de brigades de réserve, sont : Paris, Bordeaux, Marseille, Montpellier, Nancy, Nantes, Rouen, Toulouse, Tours, Clermont-Ferrand, Dijon, Lille et Lyon.

Commis de Direction

(Bulletin mensuel 1889, page 678)

Aux termes d'une notification parue au *Bulletin mensuel* de décembre 1889, page 678, les commis des directions départementales et des services spéciaux sont choisis parmi les agents brevetés de l'École professionnelle supérieure des Postes et des Télégraphes, ainsi que parmi les commis des bureaux sédentaires ou ambulants, qui sont représentés par les chefs de service comme possédant l'aptitude nécessaire, qui comptent au moins trois ans de service dans l'emploi de commis, et dont les cotes de valeur générale, totalisées pour les trois dernières années, ne donneront pas une moyenne inférieure à 18. (*Arrêté du 23 décembre 1889*).

Agents de l'Administration centrale

(Bulletin mensuel 1892, page 79)

Les renseignements relatifs aux agents de l'Administration centrale, en ce qui concerne les traitements et les avancements de classe, sont résumés dans le décret du 2 février 1892, lequel décret a été inséré à la page 79 du *Bulletin mensuel* de février de cette même année.

Un arrêté, en date du 23 décembre 1889, fixe ainsi qu'il suit les conditions de recrutement du personnel de l'Administration centrale :

« Les commis de l'Administration centrale sont recrutés » parmi les agents brevetés de l'École professionnelle supé- » rieure des Postes et des Télégraphes, ainsi que parmi les » commis des directions départementales ou des services » spéciaux qui comptent deux ans au moins de services en » cette qualité, et dont les cotes de valeur générale, tota- » lisées pour les deux dernières années, ne donneront pas » une moyenne inférieure à 18.

« Les dispositions qui précèdent ne sont pas applicables
» aux agents qui ont subi avec succès l'examen antérieu-
» rement exigé pour l'admission dans les directions, dans
» les services spéciaux et à l'Administration centrale. »

Agents supérieurs

(Bulletin mensuel d'avril 1888, page 71)

L'article 4 du décret du 29 mars 1888 donne la composition, en dehors des ingénieurs, du personnel supérieur de l'Administration.

Ce personnel supérieur comprend :

Les administrateurs ;
Les inspecteurs généraux et les inspecteurs adjoints à l'inspection générale ;
Les chefs et sous-chefs de bureau ;
Les commis principaux à l'Administration centrale ;
Les directeurs des services départementaux ou ambulants ;
Les inspecteurs ou sous-inspecteurs ;
Les receveurs de bureau composé de première classe et de deuxième classe ;
Les chefs de centre de dépôt ;
Les chefs de section.

Les emplois supérieurs énumérés ci-dessus étaient réservés aux agents brevetés de la première section de l'École professionnelle supérieure.

Je dis : étaient réservés, car, par un décret récent inséré au *Bulletin mensuel* d'octobre 1895, les emplois de commis principal à l'Administration centrale, receveur de bureau composé de première classe et de deuxième classe, receveur chef de centre de dépôt, de chef de section, peuvent être attribués aux agents non pourvus du brevet de capacité de l'École professionnelle supérieure.

École supérieure

(Bulletin mensuel d'avril 1888, page 69)

L'École supérieure de Télégraphie a été transformée en une École professionnelle supérieure des Postes et des Télégraphes par un décret en date du 29 mars 1888.

La nouvelle École est divisée en deux sections :

La première section a pour but d'assurer le recrutement du personnel supérieur de l'Administration ;

La deuxième section a pour objet d'assurer le recrutement des ingénieurs.

Les conditions d'admission, les programmes de l'examen, l'enseignement professé à l'École, les examens de sortie, sont insérés au *Bulletin mensuel* du mois de juillet 1888, pages 239 et suivantes.

Le programme d'entrée a été modifié par un arrêté du 3 novembre 1892, qui figure au *Bulletin mensuel* de novembre 1892, page 1127.

Les conditions d'avancement hors tour des agents sortant brevetés de l'École professionnelle supérieure, sont énoncées à la page 520 du *Bulletin mensuel* de septembre 1891.

Autorisation de suivre les cours de mathématiques spéciales

(Bulletin mensuel de 1894, page 240, et Bulletin mensuel de 1895, page 88.)

Un arrêté, en date du 14 septembre 1894, a fixé les conditions de l'examen à exiger des agents et sous-agents qui désireraient obtenir l'autorisation de suivre les cours de mathématiques spéciales des lycées, dans le but de se préparer à la deuxième section de l'École supérieure professionnelle.

Le *Bulletin mensuel* d'avril 1895 fait connaître que les demandes d'autorisation de suivre les cours dont il s'agit, doivent être accompagnées soit du diplôme de bachelier ès sciences, ou de celui de l'enseignement secondaire moderne, soit, à défaut de ces deux diplômes, le diplôme de baccalauréat ès lettres mathématiques de l'enseignement secondaire classique ou de celui de l'enseignement secondaire moderne.

Pour être admis à subir l'examen d'aptitude, les postulants doivent être âgés de vingt-cinq ans au plus, être bien notés, et compter un an de service rétribué.

Inspecteurs des Finances

(Bulletin mensuel 1891, page 219)

Les agents des Postes et des Télégraphes peuvent concourir directement pour l'emploi d'inspecteur de quatrième classe des finances.

Peuvent concourir les agents agés de vingt-cinq ans au moins et de trente ans au plus, comptant sept ans de service dans l'Administration et pourvus du grade de commis.

Les matières de l'examen à subir sont indiquées dans le *Bulletin mensuel* du mois d'avril 1891.

Télégraphie militaire

(Bulletin mensuel 1891, page 72)

Les Écoles régionales de Télégraphie militaire, sont :

1° L'École de Paris (camp de Saint-Maur);
2° L'École de Lyon (camp de Sathonay);
3° L'École de Limoges.

Ces Écoles sont alimentées par le personnel en résidence dans les régions ci-après :

1° Pour le camp de Saint-Maur, les départements de la Seine et de la Seine-et-Oise, ainsi que les 1re, 2e, 3e, 4e, 5e et 6e régions de corps d'armée;

2° Pour l'École de Lyon, les 7e, 8e, 13e, 14e, 15e et 16e régions;

3° Pour l'École de Limoges, les 9e, 10e, 11e, 12e, 17e et 18e régions.

Il n'est dérogé qu'exceptionnellement à ces dispositions, sauf en ce qui concerne les élèves chefs de poste, qui sont tous convoqués au camp de Saint-Maur.

Tout agent désigné par l'Administration comme élève chef de poste, doit faire connaître, dans un délai maximum de quarante-huit heures, si, pour des raisons de convenance personnelle, il a l'intention de ne pas concourir pour l'obtention du grade de chef de poste.

Le *Bulletin mensuel* de mars 1894 (page 72) donne tous les renseignements utiles concernant la désignation du personnel, les ordres d'appel, la mise en route des télégraphistes, le renvoi du personnel dans ses foyers, etc.

La circulaire relative à l'habillement et à l'équipement du personnel de la Télégraphie militaire a été reproduite au *Bulletin mensuel* de janvier 1895. Cette circulaire traite de l'indemnité de première mise d'équipement, de l'indemnité d'entrée en campagne, du port de l'uniforme, des cours d'équitation, des exercices et manœuvres, de la prise des mesures des agents, etc.

DEUXIÈME PARTIE

Personnel féminin

Des aides

(Bulletin mensuel 1893, page 101, et Bulletin mensuel 1895, page 224)

L'article 27 de l'arrêté du 17 mars 1893 détermine les conditions de recrutement des aides féminins.

Cet arrêté a été complété par un second arrêté en date du 10 août 1895. Ce dernier arrêté fait connaître les conditions à remplir par une jeune fille pour obtenir un emploi d'aide, et les avantages spéciaux accordés aux aides qui prennent une part effective aux travaux des bureaux dits de la deuxième catégorie, c'est-à-dire à ceux dans lesquels le service, assuré seulement en partie par le receveur, nécessite l'intervention de personnes étrangères.

Les avantages dont il est question ci-dessus consistent en ce que les emplois de dame, dans un bureau de poste ou dans un bureau mixte, sont réservés aux aides régulières réunissant les conditions fixées par les articles 16 à 22 de l'arrêté du 10 août 1895.

Le Directeur départemental n'a pas à s'occuper du placement des aides, qui, d'ailleurs, ne font pas partie du cadre du personnel, et ne reçoivent aucune rétribution directe de l'Administration; le rôle du chef de service se borne à

2

accorder ou à refuser l'autorisation demandée par les comptables, suivant que la postulante aide réunit ou ne réunit pas les conditions réglementaires.

Si l'autorisation est accordée, l'aide signe en triple expédition une déclaration constatant sa situation, au point de vue de l'obtention ultérieure d'un emploi dans l'Administration.

Il est bon d'insister sur les deux points suivants :

1° Que le nombre des concessions d'aides est subordonné à l'importance du service exécuté dans les recettes, de façon que le concours des aides agréées soit effectif;

2° Que les aides attachées aux bureaux simples d'importance secondaire, pour la gestion desquels il n'est pas alloué de frais d'aide, ne pourront prétendre à aucun des privilèges attribués aux aides régulières, à dater du 1er janvier 1897.

Dames employées

(Bulletin mensuel d'août 1895, page 218)

Le recrutement des dames employées est réglé par l'arrêté du 10 août 1895, et a lieu par la voie du concours.

Les emplois attribués aux dames se divisent en emplois de début et en emplois d'avancement.

Les emplois de début se subdivisent en deux catégories :

1° En emplois de dame télégraphiste ou de dame téléphoniste;

2° En emplois de dame employée dans les bureaux exclusivement postaux ou dans les bureaux mixtes.

Première catégorie. — Pour l'emploi de dame télégraphiste ou de dame téléphoniste, les postulantes doivent être âgées de dix-huit ans au moins et de vingt-cinq ans au plus au 1er janvier de l'année du concours.

Sont appelées en première ligne, les postulantes qui sont femme, fille ou sœur d'agents ou de sous-agents de l'Administration des Postes et des Télégraphes en activité, et comptant au moins dix ans de service, ainsi que les parentes au même degré d'agents ou de sous-agents décédés, retraités, ou reconnus hors d'état de continuer leurs fonctions, quelle que soit la durée de leur service.

Sont appelées en seconde ligne, s'il y a lieu, toutes les postulantes n'ayant ni services personnels, ni services de famille à invoquer à l'appui de leur demande.

Deuxième catégorie. — Les emplois de dame dans les bureaux de poste et dans les bureaux mixtes sont réservés aux aides régulières comptant au moins trois ans de service effectif, en état d'assurer *immédiatement* un service actif, soit au point de vue postal, soit au point de vue télégraphique, et âgées de vingt ans au moins et de vingt-huit ans au plus, au 1ᵉʳ janvier de l'année où a lieu le concours.

Il y a lieu de remarquer que les conditions d'âge ne sont pas les mêmes pour les deux catégories d'emplois de début, et que les conditions d'examen varient également. (Voir *Bulletin mensuel* d'août 1895, pages 220 et 222).

Les concours pour l'emploi de dame dans un bureau de poste ou dans un bureau mixte paraissent devoir être assez nombreux dans les départements, alors que les concours pour le poste de dame télégraphiste ou de dame téléphoniste n'auront probablement lieu que dans quelques grandes villes seulement. Dans ces conditions, les postulantes à un emploi de dame dans l'Administration des Postes et des Télégraphes ont certainement un intérêt sérieux à se faire agréer comme aide, de façon à pouvoir, après trois années de fonctions, concourir pour la seconde catégorie des emplois de début.

Le traitement des dames employées de toutes catégories commence au chiffre de 1,000 francs ; il peut s'élever, par échelons successifs de 100 francs, à 1,800 francs pour les services extérieurs, et à 2,200 francs pour les services de l'Administration centrale et de la Caisse nationale d'épargne.

Les emplois d'avancement pour les dames employées se trouvent dans les Directions départementales, à l'Administration centrale, ainsi qu'à la Direction centrale et dans les succursales de la Caisse nationale d'épargne.

Les postes de receveuses sont également des emplois d'avancement. L'arrêté du 17 mars 1893 (*Bulletin mensuel* de mars 1893, page 106) fait connaitre que les recettes de début peuvent être accordées aux dames employées âgées de vingt-cinq ans au moins, comptant déjà trois ans d'exercice en cette qualité, et justifiant de la connaissance du service postal et du service télégraphique.

Surveillantes et surveillantes principales

(Bulletin mensuel 1895, page 224)

Dans les bureaux ou services très importants, des dames employées peuvent être désignées pour participer à la sur-veillance et à la direction du service. Ces dames, qui prennent le titre de surveillantes ou de surveillantes princi-pales, reçoivent un supplément de traitement de 200 francs par an, au début; ce supplément de traitement peut être porté à 400 francs après cinq ans d'exercice des fonctions de surveillante, et à 600 francs après dix ans d'exercice comme surveillante.

Le traitement supplémentaire de 200 francs, 400 francs ou 600 francs est soumis à la retenue pour les pensions civiles, et payable mensuellement.

Mariage des dames employées et des receveuses

(Bulletins mensuels 1886, page 6, et 1890, page 986)

Les dispositions de l'article 48 de l'*Instruction générale*, concernant les receveurs, sont applicables aux dames em-ployées. Elles doivent, avant de contracter mariage, en informer l'Administration par la voie hiérarchique, en four-nissant tous les renseignements nécessaires sur la situation de la personne qu'elles auront en vue d'épouser, et attendre l'autorisation du Directeur général avant de fixer la date de leur mariage. Un certificat de bonnes vie et mœurs et de nationalité française du futur doit être annexé à la demande d'autorisation du mariage. Cette autorisation ne peut jamais être accordée dans le cas où le mariage doit se conclure avec une personne remplissant des fonctions de police, y compris celles de maire et d'adjoint (*Arrêté ministériel* du 31 octobre 1890).

Le mari d'une receveuse des Postes doit, à moins de circonstances exceptionnelles, être agréé en qualité d'aide au bureau dont la femme est titulaire.

Pour obtenir son changement de nom dans les cadres du personnel, la dame employée doit transmettre à l'Administration un extrait de son acte de mariage sur papier timbré et dûment légalisé; la receveuse doit joindre à l'extrait d'acte de mariage son certificat d'inscription de cautionnement.

TROISIÈME PARTIE

Instructions diverses concernant tout le personnel

Tableaux d'avancement

Les tableaux dressés en vue de l'avancement des agents des services extérieurs concernent :

1° L'avancement de classe,

2° L'avancement de grade.

Les commissions de classement sont généralement convoquées par le Directeur général, au mois de mai et au mois de novembre de chaque année.

Avancement de classe

(Bulletin mensuel 1888, page 89)

Les listes pour l'avancement de classe comprennent quatre catégories d'agents :

1° Les agents proposés au choix ;

2° Les agents proposés au demi-choix ;

3° Les agents proposés à l'ancienneté ;

4° Les agents proposés à la grande ancienneté.

Pour le choix, les cotes 20, 19 et 18 sont nécessaires.

Pour le demi-choix, les cotes 17 et 16 sont nécessaires.

Pour l'ancienneté, la cote 15 est nécessaire.

La grande ancienneté regarde certains agents cotés au-dessous de 15 et comptant plus que l'ancienneté normale.

En plus des quatre catégories relatées ci-dessus, des propositions au choix exceptionnel peuvent être formulées en faveur d'agents comptant dix-huit mois d'ancienneté de traitement, qui se seraient distingués par des faits ou des mérites particuliers. Ces propositions spéciales doivent être appuyées d'un rapport faisant ressortir en termes précis les motifs de la proposition.

Tout agent qui, depuis son inscription à l'un des tableaux d'avancement, cesse d'être bien noté, peut être rayé dudit tableau.

Pour figurer au tableau d'avancement de classe soit au choix, soit au demi-choix, soit à l'ancienneté, il faut avoir la note « *bien* » pour la conduite administrative et pour la conduite publique.

Ancienneté de traitement

(Bulletin mensuel 1881, page 91)

Pour se rendre compte exactement de leur ancienneté de traitement, en cas de changement de grade, les agents doivent consulter la notification parue au *Bulletin mensuel* de 1881, page 91.

Avancement de grade

(Bulletin mensuel 1888, page 97)

Les listes de classement pour l'avancement de grade comprennent tous les agents bien notés qui sont en mesure de prétendre à un grade plus élevé, ou comportant des attributions différentes, auront été reconnus aptes à le remplir.

Un agent peut figurer à la fois dans les propositions pour l'avancement de classe et dans les propositions pour l'avancement de grade s'il réunit les conditions requises pour être porté sur les deux listes.

Les tableaux d'avancement de grade ne sont pas publiés au *Bulletin mensuel*.

Des receveurs

Les bureaux de poste se divisent en bureaux composés et en bureaux simples.

Les bureaux composés comprennent quatre classes, et les bureaux simples trois classes.

Bureaux composés de première classe. — Les bureaux composés de première classe sont réservés aux chefs de bureau de l'Administration centrale, aux Directeurs, aux chefs de section à 6,000 francs au minimum, et aux receveurs de bureaux composés de deuxième classe.

Bureaux composés de deuxième classe. — Peuvent être nommés receveurs des bureaux composés de deuxième classe, les sous-chefs de bureau de l'Administration centrale, les Inspecteurs au traitement de 5,000 francs au minimum, les chefs de section, les sous-chefs de section au traitement de 5,000 francs et les receveurs de bureaux composés de troisième classe.

Bureaux composés de troisième classe. — Les recettes composées de troisième classe peuvent être données aux commis principaux à l'Administration centrale à 4,500 francs, aux sous-chefs de section à 4,500 francs et aux receveurs des bureaux composés de quatrième classe au traitement de 4,000 francs.

Bureaux composés de quatrième classe. — Les agents admis à poser leur candidature pour une recette composée de quatrième classe sont : les commis principaux de l'Administration centrale, les inspecteurs à 4,000 francs, les sous-inspecteurs, les sous-chefs de section à un traitement inférieur à 4,500 francs, les chefs de brigade, les commis principaux ayant un traitement supérieur à 3,000 francs et les receveurs de bureaux simples au traitement de 2,700 francs, depuis quatre ans au moins. Spécialement pour l'Algérie, les commis principaux à 3,000 francs s'engageant à rester trois ans en Algérie en qualité de receveur de bureau composé.

Bureaux simples de première classe. — Ces bureaux peuvent être obtenus par les commis principaux à 3,000 francs, par les commis à 2,400 francs au minimum, blessés en service et hors d'état de continuer leurs fonctions, et par les receveurs des bureaux simples de deuxième classe comptant au moins trois ans d'ancienneté au traitement maximum. Spécialement pour l'Algérie, par les commis de toutes catégories au traitement minimum de 2,400 francs s'engageant à rester en Algérie au moins trois ans en qualité de receveur.

Bureaux simples de deuxième classe. — Les recettes simples de deuxième classe peuvent être accordées aux commis à 2,100 francs et à 1,800 francs, blessés en service et hors d'état de continuer leurs fonctions actives, aux dames employées à 1,800 francs et aux receveurs de troisième classe au traitement maximum depuis au moins trois ans. Spécialement pour l'Algérie, aux commis de toutes catégories aux traitements de 2,100 francs et de 1,800 francs s'engageant à rester en Algérie pendant trois ans en qualité de receveur.

Bureaux simples de troisième classe. — Peuvent être pourvus d'un bureau de début, les commis à 1,500 francs et les commis auxiliaires blessés en service et hors d'état de continuer des fonctions actives, les dames employées comptant au moins trois années d'exercice en cette qualité, âgées de vingt-cinq ans au moins et reconnues aptes à cet emploi par la commission de classement départementale. Spécialement pour l'Algérie, les commis à 1,500 francs, les commis auxiliaires jouissant d'une rétribution inférieure à 1,800 francs, s'engageant à rester en Algérie au moins trois ans en qualité de receveur.

Traitements maximums des receveurs

Les traitements maximums des receveurs sont :

Bureaux composés

Première classe.....................	8,000 francs.
Deuxième classe.....................	6,000 —
Troisième classe....................	4,500 —
Quatrième classe....................	4,000 —

Bureaux simples

Première classe.....................	2,700 francs.
Deuxième classe.....................	2,000 —
Troisième classe....................	1,400 —

Un arrêté du 13 mai 1893, relatif au traitement des receveurs de bureaux simples, porte :

« *Article premier.* — Les receveurs de bureaux simples
» de deuxième classe pourront exceptionnellement obtenir
» sur place 2,200 francs.

» *Article 2.* — Les receveurs de bureaux simples de troi-
» sième classe pourront exceptionnellement obtenir sur
» place le traitement de 1,600 francs.

» *Article 3.* — Ces traitements exceptionnels seront
» accordés, à titre de classe personnelle, jusqu'à concur-
» rence des crédits spécialement votés pour cet usage, aux
» receveurs les plus anciens et les plus méritants, aux
» traitements respectifs de 2,000 francs et 1,400 francs.

» *Article 4.* — Est maintenue la décision du 27 mai 1881,
» accordant le traitement de 1,600 francs aux titulaires des
» trois cents premiers bureaux de la troisième classe. »

Cet arrêté est inséré au *Bulletin mensuel* de mai 1893,
page 142.

L'article 50 de l'*Instruction générale* fait connaître que les femmes ne peuvent être nommées ni aux recettes composées, ni aux recettes placées soit dans les chefs-lieux d'arrondissement, soit dans les villes où siège un tribunal de première instance ou un tribunal de commerce. Certaines villes de peu d'importance possédant un tribunal de commerce, il n'est pas sans intérêt d'indiquer dans cette brochure les villes de cet ordre :

Tribunaux de commerce

Ain.	Bourg.
Aisne.	Chauny, Saint-Quentin, Soissons, Vervins, Cusset.
Allier.	Montluçon, Moulins.
Alpes (Basses-).	Manosque.
Alpes (Hautes-).	Gap.
Alpes-Maritimes.	Antibes, Cannes, Grasse, Menton, Nice.
Ardèche.	Annonay, Aubenas.
Ardennes.	Charleville, Sedan.
Aube.	Troyes.
Aude.	Carcassonne, Castelnaudary, Limoux, Narbonne.
Aveyron.	Millau, Rodez, Sainte-Affrique, Saint-Geniès.
Bouches-du-Rhône.	Aix, Arles, Marseille, Tarascon.
Calvados.	Bayeux, Caen, Condé-sur-Noireau, Falaise, Honfleur, Isigny, Lisieux, Vire.
Cantal.	Aurillac, Saint-Flour.
Charente.	Angoulême, Cognac.
Charente-Infér.	Jonzac, Marennes, Rochefort, La Rochelle, Saint-Jean-d'Angély, Saint-Martin (île de Ré), Saint-Pierre (île d'Oléron), Saintes.
Cher.	Bourges.
Corrèze.	Brive, Tulle.

Corse.	Ajaccio, Bastia, Ile-Rousse.
Côte-d'Or.	Auxonne, Beaune, Châtillon-sur-Seine, Dijon, Nuits-Saint-Georges, Saint-Jean-de-Losne.
Côtes-du-Nord.	Paimpol, Saint-Brieuc.
Dordogne.	Bergerac, Périgueux, Sarlat.
Doubs.	Besançon.
Drôme.	Romans.
Eure.	Bernay, Évreux, Louviers, Pont-Audemer.
Eure-et-Loir.	Chartres, Dreux.
Finistère.	Brest, Morlaix, Quimper.
Gard.	Alais, Anduze, Nîmes, Saint-Hippolyte-du-Fort.
Garonne (Haute-).	Saint-Gaudens, Toulouse.
Gers.	Auch.
Gironde.	Blaye, Bordeaux, Libourne.
Hérault.	Agde, Béziers, Cette, Clermont-l'Hérault, Lodève, Montpellier, Pézenas.
Ille-et-Vilaine.	Rennes, Saint-Malo.
Indre.	Châteauroux, Issoudun.
Indre-et-Loire.	Tours.
Isère.	Grenoble, Vienne.
Jura.	Dôle, Lons-le-Saunier, Salins.
Landes.	Dax.
Loir-et-Cher.	Blois, Romorantin.
Loire.	Roanne, Saint-Étienne.
Loire (Haute-).	Brioude, Le Puy.
Loire-Inférieure.	Nantes.
Loiret.	Montargis, Orléans.
Lot.	Cahors.
Lot-et-Garonne.	Agen, Marmande, Nérac, Villeneuve-s/-Lot.
Maine-et-Loire.	Angers, Saumur.
Manche.	Cherbourg, Coutances, Granville, Saint-Lo.
Marne.	Châlons-sur-Marne, Épernay, Reims.
Marne (Haute-).	Chaumont, Langres, Saint-Dizier.
Mayenne.	Laval, Mayenne.

Meurthe-et-Moselle Nancy.
Meuse. Bar-le-Duc, Verdun.
Morbihan. Lorient, Vannes.
Nièvre. Clamecy, Nevers.
Nord. Cambrai, Dunkerque, Lille, Roubaix, Tourcoing, Valenciennes.
Oise. Beauvais, Compiègne.
Orne. Alençon, Argentan, Flers, Laigle, Vimoutiers.
Pas-de-Calais. Arras, Boulogne-sur-Mer, Calais, Saint-Omer.
Puy-de-Dôme. Ambert, Billom, Clermont-Ferrand, Issoire, Riom, Thiers.
Pyrénées (Basses-). Bayonne, Oloron-Sainte-Marie, Pau.
Pyrén. (Hautes-). Bagnères, Tarbes.
Pyrénées-Orient. Perpignan.
Rhin (Haut-). Belfort.
Rhône. Lyon, Tarare, Villefranche.
Saône (Haute-). Gray.
Saône-et-Loire. Autun, Chalon-sur-Saône, Charolles, Louhans, Mâcon, Tournus.
Sarthe. Mamers, Le Mans.
Savoie. Chambéry.
Seine. Paris.
Seine-et-Marne. Meaux, Melun, Montereau, Provins.
Seine-et-Oise. Corbeil, Versailles.
Seine-Inférieure. Dieppe, Elbeuf, Eu et Le Tréport, Fécamp, Gournay, Le Havre, Neuchâtel, Rouen, Saint-Valery-en-Caux, Yvetot.
Sèvres (Deux-). Niort.
Somme. Abbeville, Amiens, Saint-Valery-sur-Somme.
Tarn. Albi, Castres.
Tarn-et-Garonne. Moissac, Montauban.
Var. Brignoles, Draguignan, Fréjus, Saint-Tropez, Toulon.

Vaucluse.	Avignon.
Vienne.	Châtellerault, Poitiers.
Vienne (Haute-).	Limoges.
Vosges.	Épinal, Mirecourt.
Yonne.	Auxerre, Joigny-Sens.
Algérie.	Alger, Oran, Constantine, Bône.

Indemnités de frais de premier établissement

(Article 57 de l'Instruction générale)

Les receveurs des bureaux simples de troisième classe reçoivent comme indemnité de frais de premier établissement, lors de leur entrée en fonctions, une somme de 60 francs.

En cas de changement de résidence, ils peuvent obtenir également une indemnité de 40 francs, si ce changement de bureau a lieu sans avancement. (Article 57 de l'*Instruction générale*).

Traites lancées par certains industriels

(Bulletin mensuel 1890, page 673)

Je crois devoir signaler ici, à toutes fins utiles, une note parue au *Bulletin mensuel* de juin 1890, page 673 :

« *Note.* — L'Administration a été informée que certains
» industriels, à l'effet de se procurer des fonds, lancent des
» traites sur les receveurs des Postes, qu'ils préviennent au
» moment de l'échéance, de l'erreur qui aurait été
» commise, en les priant de payer, sous réserve d'un
» règlement ultérieur.

» L'Administration ne saurait trop mettre les comptables
» en garde contre ces manœuvres, en les engageant, dans
» leur intérêt, à refuser toute traite de cette provenance. »

Constitution des dossiers

Tout postulant à l'emploi de surnuméraire et toute postulante à l'emploi de dame doivent produire :

1° Une demande à concourir, établie sur papier timbré de 0 fr. 60 ;

2° Une expédition de son acte de naissance ;

3° Un certificat médical délivré par le médecin *assermenté*, constatant que le postulant n'a aucune infirmité, qu'il a la taille réglementaire (1^m54 pour les surnuméraires et 1^m50 pour les dames, taille minimum), qu'il a été vacciné ou revacciné depuis moins de dix ans, et que la vue et l'ouïe sont bonnes ;

4° Un certificat de bonnes vie et mœurs et de nationalité française, délivré par le maire de sa commune ;

5° Un extrait de son casier judiciaire.

En outre, les femmes mariées doivent joindre à leur dossier une expédition de leur acte de mariage et un certificat attestant que leur mari est de nationalité française ; les veuves, une copie de l'acte de décès de leur mari, et les femmes divorcées, un extrait de l'acte de divorce.

Toutes ces pièces doivent être sur papier timbré et dûment légalisées.

Les candidates à l'emploi de dame ayant des titres de famille à invoquer doivent en produire le relevé authentique.

Légalisation des signatures

Par une circulaire en date du 17 août 1891, l'Administration a rappelé les conditions dans lesquelles devait avoir lieu la légalisation des pièces fournies par les candidats aux divers emplois.

Les seules pièces qui doivent être légalisées par les juges de paix ou les présidents des tribunaux de première instance, sont celles que les maires délivrent en qualité d'officiers de l'état civil, c'est-à-dire les expéditions d'actes de naissance, d'actes de mariage, d'actes de décès, et les extraits des actes de divorce.

Les autres pièces produites doivent être légalisées par l'autorité préfectorale, c'est-à-dire par les préfets ou sous-préfets.

Il est dû un droit de 0 fr. 25 par pièce légalisée par les juges de paix ou les présidents des tribunaux.

La légalisation des pièces par les préfets et les sous-préfets est gratuite.

Les actes dressés dans les colonies françaises doivent être revêtues du visa du gouverneur de la colonie pour être valables.

Les signatures des Français établis à l'étranger doivent être légalisées par les consuls.

Prestation de serment — Coût

Les actes de prestation de serment des agents dont le traitement et les émoluments accessoires n'excédent pas 4,000 francs sont assujettis à un droit de 4 fr. 50 en principal, 5 fr. 63 avec les décimes. Le droit à percevoir pour les emplois au-dessus de 4,000 francs est de 22 fr. 50 en principal, 28 fr. 13 avec les décimes. (Loi du 28 février 1872, article 4, et loi du 28 avril 1893, article 26).

Les droits d'enregistrement des actes de prestation de serment des surnuméraires et des personnes autorisées à participer aux travaux d'un bureau, soit en qualité d'aides, soit comme intérimaires ou auxiliaires, soit enfin comme gérants provisoires, est de 1 fr. 50 en principal. (Loi du 28 février 1872, article 62 de l'*Instruction générale*).

Permissions d'absence, congés pour affaires, congés pour maladie

(Bulletin mensuel de janvier 1892, page 15)

Les agents peuvent obtenir, dans le cours de l'année, à titre de permission, cinq jours d'absence, que ces cinq jours soient pris en une ou plusieurs fois. En outre, ces permissions ne seront accordées qu'autant que le service de l'agent intéressé pourra être assuré par ses collègues, *sans frais pour le Trésor.*

Les permissions sont indépendantes du congé de quinze jours réglementaire, à moins qu'elles ne précèdent ou ne suivent immédiatement ce congé. Dans ce dernier cas, le temps excédant de quinze jours est soumis à retenue.

Les congés accordés pour cause de maladie ne peuvent excéder six mois dans le courant d'une même année. Après une reprise effective de service de deux mois, l'agent peut obtenir l'année suivante un nouveau congé.

Si le congé demandé prend fin l'année suivante, le total des congés obtenus dans le cours de la première année sera défalqué du maximum de six mois de congé qui pourra être accordé. Mais après deux mois d'exercice de fonctions, le temps de congé accordé au commencement de la seconde année ne sera pas défalqué du maximum de six mois de congé qui pourra être accordé au cours de cette seconde année. Un agent qui, par exemple, aurait profité de trois mois de congé, du 1ᵉʳ mars au 1ᵉʳ juin, et qui, interrompant de nouveau son service le 1ᵉʳ décembre ne serait pas en état de reprendre ses fonctions le 1ᵉʳ janvier, ne pourrait plus prétendre qu'à deux autres mois de congé (janvier et février), pour parfaire la période de six mois réglementaires. Mais, par contre, si cet agent reprenait réellement son service à partir du 1ᵉʳ mars suivant, une nouvelle période de six mois de congé pourrait lui être accordée la même année.

Les agents qui désirent obtenir un congé pour affaires, ou pour *maladie,* doivent remettre une demande écrite.

Cette demande, en ce qui concerne les agents, doit être revêtue de l'avis du receveur avant d'être transmise au Directeur.

Dans tous les cas, qu'il s'agisse d'un agent ou d'un receveur, la demande de congé pour maladie doit être appuyée d'un certificat de médecin établi sur papier timbré et dûment légalisé; si le congé est demandé avec autorisation de déplacement, le certificat doit être délivré par le *médecin assermenté* désigné par l'autorité préfectorale.

Par mesure exceptionnelle, les médecins assermentés peuvent délivrer leurs certificats sur papier libre, mais la légalisation de la signature du médecin, assermenté ou non, est obligatoire. (*Bulletin mensuel* de 1888, page 163, et article 96 de l'*Instruction générale*).

Les receveurs fournissent, en outre, l'engagement de demeurer garants et responsables de la gestion de leur remplaçant pendant toute la durée de leur congé pour affaires ou pour maladie. (Article 101 de l'*Instruction générale*).

Les congés pour affaires sont supprimés d'une façon absolue du 16 décembre au 15 janvier de chaque année.

Retenues pour congés pour affaires

Les agents peuvent obtenir chaque année un congé de quinze jours sans retenue de traitement. (Article 90 de l'*Instruction générale*).

Un congé d'un mois sans retenue peut être accordé à l'agent qui n'a joui d'aucun congé et d'aucune permission d'absence pendant trois années consécutives.

Pour un congé de plus de quinze jours, ou de plus d'un mois pour l'agent n'ayant obtenu aucune autorisation d'absence pendant trois années consécutives, une retenue de la moitié au moins et des deux tiers au plus est opérée sur le traitement de l'absent, si le congé n'a pas duré une époque supérieure à trois mois.

Après trois mois consécutifs ou non dans une année, l'intégralité du traitement est retenue, et le temps excédant trois mois n'est pas compté comme service effectif pour la pension de retraite. (Article 91 de l'*Instruction générale*).

Sont affranchis de toute retenue de traitement les agents

en congé pour accomplir un des devoirs imposés par la loi. (Article 92 de l'*Instruction générale*).

Le Directeur général peut attribuer la retenue pour congé faite sur le traitement d'un agent à la personne qui le remplace. (Article 1366 de l'*Instruction générale*).

Les receveurs et receveuses de bureaux simples, en congé pour affaires, étant suppléés à leurs frais, l'Administration, par mesure bienveillante et afin de diminuer ces frais, a décidé de précompter au profit des intérimaires les retenues qui peuvent être imposées sur le traitement de ces agents.

Retenues pour congés pour maladie

Un agent malade peut conserver l'intégralité de son traitement pendant un temps qui ne peut excéder trois mois; pendant les trois mois suivants, il peut être autorisé à conserver la moitié de son traitement.

Après six mois d'absence, consécutifs ou non, dans le courant d'une année, l'agent est mis en disponibilité d'office.

Il ne peut obtenir sa réintégration qu'après avoir fourni un certificat délivré par le médecin *assermenté*, constatant qu'il est complètement rétabli.

Si la maladie de l'agent résulte soit d'un acte de dévouement, soit de lutte ou combat soutenu dans l'exercice de ses fonctions, soit d'un accident grave résultant notoirement de l'exercice de ses fonctions, il peut conserver l'intégralité de son traitement jusqu'à son rétablissement ou jusqu'à sa mise à la retraite. (Article 93 de l'*Instruction générale*).

Pour sauvegarder ses droits ultérieurs, l'agent blessé dans le service ou à l'*occasion du service* doit, dans son intérêt même, produire soit un procès-verbal en due forme délivré par le maire sur l'attestation de deux témoins de l'accident, soit un acte de notoriété délivré par le juge de paix sur l'attestation de deux témoins ou de deux personnes qui ont été à même de connaître ou d'apprécier les conséquences de l'accident.

Lorsqu'un agent ou receveur a été blessé dans son service ou en se rendant à son service par un animal domestique, le Directeur doit en être informé sans aucun retard, afin de pouvoir, en se basant sur les dispositions de l'article 1385 du Code civil, réclamer au propriétaire de l'animal le remboursement des frais de maladie que l'agent blessé aura eu à supporter, ainsi que, le cas échéant, le remboursement des frais de remplacement.

A moins de blessures graves ou de circonstances exceptionnelles, l'Administration n'intervient pas dans le payement d'une indemnité que le blessé pourrait réclamer. Cette indemnité peut être demandée par l'intéressé, mais à ses risques et périls.

Absence du bureau ou de la résidence

Lorsque, par suite de circonstances imprévues, un agent se trouve dans l'impossibilité de prendre son service à l'heure fixée, il doit aussitôt en informer son chef immédiat, et, en l'absence de tout avis, c'est à ce dernier lui-même à s'enquérir sans retard des motifs pour lesquels cet agent ne s'est pas présenté au bureau. (Circulaire du 18 août 1887).

Aucun agent ne peut quitter sa résidence sans en avoir obtenu l'autorisation du Directeur. En cas de maladie, l'agent doit, en outre, fournir un certificat de médecin assermenté. (Articles 87, 88 et 92 de l'*Instruction générale*).

Incompatibilités

Les règlements interdisent aux agents de prêter, à un titre quelconque, leur collaboration à un journal ou à une publication périodique qui ne serait pas exclusivement scientifique ou littéraire. Les agents ne peuvent donc être correspondants de journaux pour l'annonce de nouvelles se rapportant à des faits divers tels qu'accidents, crimes, débats judiciaires, etc. (Circulaire du 24 octobre 1891).

Les renseignements qui précèdent complètent les instructions contenues dans la circulaire du 8 septembre 1890, circulaire par laquelle le personnel était prévenu qu'il lui était formellement interdit de se charger, en dehors de ses fonctions, de missions, travaux, consultations, expertises, etc., sans en avoir obtenu l'autorisation. La même règle est applicable aux agents qui s'occupent d'appareils télégraphiques ou téléphoniques chez les particuliers. (*Bulletin mensuel* 1888, page 25).

Toute infraction aux dispositions énumérées ci-dessus donnerait lieu à l'application d'une mesure disciplinaire rigoureuse, voire même à la radiation des cadres.

Réclamations formées par le personnel

Aux termes de l'article 73 de l'*Instruction générale*, les agents ne peuvent correspondre avec leurs supérieurs que par la voie hiérarchique.

Une notification parue au *Bulletin mensuel* de mars 1888, page 38, fait connaître qu'une copie des réclamations remises, soit aux receveurs, soit aux Directeurs, peut être adressée directement à M. le Directeur général, pourvu que cette copie *fasse mention de la date à laquelle la réclamation aura été remise par l'agent à son supérieur immédiat.*

Feuilles signalétiques

Les feuilles signalétiques des agents supérieurs, des agents des directions, des agents en services spéciaux, ainsi que celles des receveurs et receveuses, sont transmises au Service du Personnel, le 15 décembre; celles des autres agents ne sont adressées à l'Administration que le 15 avril. (Circulaire du 25 novembre 1893).

Vœux à exprimer

Par une circulaire en date du 22 août 1893, l'Administration fait connaître qu'elle tient essentiellement à ce que chaque agent ou sous-agent indique explicitement sur sa feuille signalétique s'il désire un changement de résidence ou de position, ou s'il préfère demeurer en place.

Il est pris note des demandes ainsi formulées, et lorsqu'une vacance doit se produire, il est tenu le plus grand compte des mérites des candidats, et, à mérite égal, de l'ancienneté de l'inscription des demandes. Comme conséquence de ces dispositions, les agents, receveurs et sous-agents doivent s'abstenir d'adrésser de nouvelles communications sur le même sujet, et les demandes de modification aux indications portées sur les feuilles signalétiques ne seront transmises qu'autant que les changements seraient motivés par des circonstances qu'il eût été impossible de prévoir au moment où ces feuilles auront été dressées. Ces demandes exceptionnelles devront, dans chaque cas, être *justifiées* par les *intéressés*.

Dossiers de recettes

(Bulletin mensuel 1881, page 724)

Il doit être formé dans chaque bureau, pour chacun des agents ou sous-agents, un dossier de recette.

Ce dossier doit comprendre :

1° Une formule de renseignement n° 886 ;

2° Une feuille de personnel n° 893 ;

3° La collection des feuilles signalétiques n° 892 ou n° 921, suivant le cas ;

4° Les notes diverses concernant les congés, les enquêtes, les mesures disciplinaires, etc.

En cas de changement de résidence ou de recette, le dossier doit être transmis par l'intermédiaire du Directeur départemental au receveur du bureau auquel l'agent ou le sous-agent est nommé.

La feuille de personnel n° 893 doit être tenue à jour; cette feuille n'est pas établie pour les facteurs locaux et ruraux.

Les dossiers de recette doivent être adressés au chef de service du département, quarante-huit heures au moins avant la cessation de fonctions de l'intéressé.

De la discipline et mesures disciplinaires

M. Coulon, directeur général des Postes et des Télégraphes a rappelé, le 24 septembre 1888, au personnel, que, dans l'organisation administrative de la France, les fonctionnaires, agents, sous-agents ou employés de l'État ne peuvent avoir légalement d'autres représentants que leurs supérieurs hiérarchiques.

Il est donc formellement interdit au personnel de se former en syndicat, et tout agent qui prendrait le titre de délégué, ou toute autre qualification analogue, pourrait être l'objet d'une mesure disciplinaire des plus rigoureuses, c'est-à-dire être rayé des cadres ou révoqué.

Les mesures disciplinaires appliquées ou proposées par le Directeur, sont :

1° Par le Directeur :

L'avertissement simple,

L'avertissement comminatoire;

2° Par l'Administration :

L'avertissement,

Le blâme simple,

Le blâme comminatoire,

La déchéance de traitement, de grade ou de classe, avec ou sans changement de résidence,

La radiation des cadres ou la mise à la retraite d'office,

La révocation.

(Article 80 de l'*Instruction générale*, et *Bulletin mensuel* n° 106 supplémentaire, de janvier 1878, page 3).

A moins de cas particuliers, la graduation des peines énoncées d'autre part est observée pour les faits autres que ceux qui sont de nature à entraîner la radiation des cadres ou la révocation, même sans antécédents disciplinaires.

Est puni de révocation tout receveur ou agent convaincu :

Ou 1° d'avoir violé le secret des correspondances;

Ou 2° d'avoir sciemment fait usage de timbres-poste ayant déjà servi;

Ou 3° d'avoir retenu sciemment, supprimé ou détruit un objet de correspondance *quelconque*;

Ou 4° d'avoir frauduleusement transporté ou distribué des lettres ou autres objets de correspondance;

Ou 5° d'avoir exigé une taxe excédant celle qu'il savait être due, ou une rémunération quelconque non autorisée, à l'occasion du service.

La même peine peut être appliquée à tout agent *démissionnaire* qui abandonne son poste avant d'en avoir obtenu l'autorisation.

Attitude

des fonctionnaires vis-à-vis de l'autorité préfectorale et attitude politique

(Circulaire du 28 janvier 1886)

Par une circulaire en date du 28 janvier 1886, M. Granet, ministre des Postes et des Télégraphes, a rappelé au personnel que le Gouvernement de la République est en droit d'exiger de ses agents, à tous les degrés de la hiérarchie, la fidélité absolue aux institutions, et que le Préfet est dans chaque département le représentant direct du pouvoir politique, que son contrôle s'exerce sur l'ensemble des services publics, et qu'à ce titre il doit pouvoir compter sur la collaboration et sur le dévouement de tous les fonctionnaires et de tous les agents.

Ces instructions précises ont été d'ailleurs confirmées par une lettre d'un autre ministre, M. Siegfried, qui, en mars 1893, déclarait que les fonctionnaires devaient prêter au Préfet le concours le plus loyal et le plus dévoué. (*Bulletin mensuel* de mars 1893, page 83).

Les ordres formels donnés par les deux Ministres ne sauraient être perdus de vue, ces ordres ministériels complétant les dispositions d'une circulaire émanant de M. Sarrien, en 1885, circulaire qui avait pour but de déterminer nettement la ligne de conduite prescrite aux agents et sous-agents de l'Administration des Postes et des Télégraphes, en leur faisant connaître que toute action électorale et que toute ingérence dans les luttes et polémiques locales leur étaient interdites, afin de n'être exposés à aucune suspicion, et de pouvoir ainsi conserver entière la confiance des populations.

Bons de demi-place

(*Circulaire du 27 octobre 1890*)

Les demandes d'obtention de bons donnant une réduction de demi-tarif sur le prix des places en chemin de fer, doivent être adressées, par la voie hiérarchique, à M. le Directeur général, qui veut bien se charger de faire les démarches nécessaires auprès des Compagnies intéressées. (*Bulletin mensuel* de novembre 1890, page 987).

Certaines Compagnies refusent d'accorder le bénéfice du demi-tarif aux agents dont le traitement atteint le chiffre de 3,000 francs.

L'Administration a fait connaître qu'elle ne pouvait demander des réductions de tarifs aux Compagnies de chemin de fer pour des voyages circulaires.

Il n'est possible d'intervenir utilement auprès d'elles que lorsqu'il s'agit d'un itinéraire direct, avec arrêts, s'il y a lieu, à des points situés sur cet itinéraire.

Les bons de demi-place ne peuvent être accordés qu'aux agents et sous-agents.

Cette faveur ne s'étend ni aux aides, ni aux facteurs intérimaires, ni aux gérants provisoires.

Gratuité des eaux thermales

(Bulletin mensuel 1888, pages 26 et 106)

Les employés de l'État, dont le traitement est inférieur à 3,600 francs, ont droit à la gratuité des eaux de l'établissement d'Aix-les-Bains, à la condition, toutefois, d'en faire usage à certaines dates indiquées au *Bulletin mensuel* de février 1888, page 26.

Cette mesure s'étend aux agents et sous-agents de l'Algérie et de la Tunisie. *(Bulletin mensuel* de mai 1888, page 106).

D'un autre côté, l'Administration a fait connaître, par une circulaire comprise au *Bulletin mensuel* de 1893, page 118. les conditions dans lesquelles elle procédait à la désignation du personnel détaché dans les stations thermales et balnéaires.

Frais de route

(Arrêté du 31 juillet 1878)

L'indemnité de frais de route fixée par un arrêté en date du 31 juillet 1878 est applicable aux intérims et aux missions du personnel. Le tableau ci-dessous fait ressortir le montant de cette indemnité :

GRADES	Frais de déplacement par kilomètre	
	CHEMINS DE FER ET BATEAUX	ROUTE DE TERRE
Directeurs......................	».05	1. »
Inspecteurs, Sous-Inspecteurs, Receveurs de bureaux composés de première et deuxième classes, Chefs et Sous-Chefs de sections.	».05	1. »
Receveurs de bureaux composés de troisième et quatrième classes, Chefs de brigade, Commis principaux, Receveurs de bureaux simples, Commis surnuméraires et Commis auxiliaires.........	».0375	».50
Sous-Agents de toutes classes....	».025	».25

Frais de mission

(Bulletin mensuel 1894, page 102)

Un arrêté du 15 mai 1894 a fixé ainsi qu'il suit le montant des indemnités journalières auxquelles ont droit les agents en mission ou en intérim, ou encore détachés en remplacement d'agents ou de comptables éloignés de leurs fonctions pour un motif quelconque :

1° Commis principaux, 10 francs pendant les cinq premiers jours, et 5 francs à partir du sixième jour ;

2° Autres agents (commis, surnuméraires, commis auxiliaires et dames employées), 6 francs pendant les cinq premiers jours, et 3 francs à partir du sixième jour.

Ces indemnités peuvent être portées à 15 francs par jour pour les commis principaux, et à 10 francs par jour pour les autres agents, pour le personnel détaché pendant un temps très court dans des villes où un événement exceptionnel attire une grande affluence de visiteurs (voyages du Président de la République ou des Ministres, inaugurations de monuments ou statues, grandes manœuvres, etc.).

A l'intérieur de Paris, les indemnités quotidiennes de déplacement sont fixées à 2 fr. 50 pour les commis principaux, et à 1 fr. 50 pour tous les autres agents.

Les dispositions qui précèdent ne sont pas encore applicables aux agents envoyés dans les stations hivernales.

Secours aux agents et sous-agents

Les demandes de secours sont adressées par la voie hiérarchique à M. le Directeur général.

Les secours ne peuvent être accordés qu'aux agents et anciens agents, qu'à leurs veuves et à leurs orphelins mineurs qui se trouvent dans une position nécessiteuse.

Les ascendants et les collatéraux d'agents, les agents mal notés, révoqués, rayés des cadres, démissionnaires ou en disponibilité sur leur demande, n'ont aucun titre à l'assistance de l'Administration.

En principe, il ne peut être accordé qu'un seul secours à la même personne dans l'espace d'une année.

Les secours ne peuvent être saisis, mais en cas de décès du bénéficiaire, le mandat de secours est annulé, le montant ne pouvant en être payé aux héritiers. (Article 1379 de l'*Instruction générale*).

Les secours *annuels* sont concédés par décret du Président de la République aux orphelins mineurs qui se trouvent dans les conditions déterminées par l'article 16 de la loi du 9 juin 1853. (Voir ci-après le paragraphe relatif aux droits des orphelins.)

Pensions de retraite

(Article 136 et suivants de l'Instruction générale)

Le capital de la pension est constitué par les retenues opérées sur les traitements des agents. Dans le cas où un agent vient à quitter, pour un motif quelconque, l'Administration, il ne peut jamais réclamer le remboursement des sommes retenues pour le service des pensions civiles.

La demande à faire valoir les droits à une pension de retraite doit être faite dans un délai qui ne peut dépasser cinq ans à partir du jour où l'agent a cessé de faire partie des cadres du personnel.

Les pensions sont liquidées d'après la moyenne du traitement pendant les six dernières années, et d'après la durée des services.

Les services pouvant compter pour la pension de retraite, partent lorsque l'agent a vingt ans accomplis, et qu'il touche un traitement soumis aux retenues réglementaires pour les pensions civiles.

Les demandes de pension de retraite sont adressées à M. le Directeur général qui, après s'être assuré de leur régularité, les transmet, s'il y a lieu, au Ministre des finances chargé de les soumettre à l'examen du Conseil d'État.

La jouissance de la pension de retraite commence le jour de la cessation de fonctions pour l'intéressé, ou au lendemain du décès de l'agent si la pension est accordée à la veuve ou aux orphelins.

La jouissance de la pension de retraite ne peut, en aucun cas, remonter à plus de trois ans.

Pensions de retraites normales

(Article 136 de l'Instruction générale)

Peuvent obtenir une pension de retraite :

1° Les agents âgés de soixante ans et comptant trente années accomplies de service ;

2° Les agents ayant accompli la durée de service exigée, — soit trente ans, — et reconnus par l'autorité compétente hors d'état de continuer leurs fonctions ;

Pensions de retraites exceptionnelles

(Article 138 de l'Instruction générale)

3° Les agents comptant cinquante ans d'âge et vingt ans de service, ayant des infirmités graves résultant de l'exercice de leurs fonctions et les mettant dans l'impossibilité de les continuer;

4° Les agents mis hors d'état de continuer leur service, soit par suite d'un acte de dévouement, soit par suite de lutte ou combat soutenu dans l'exercice de leurs fonctions, ainsi que ceux qu'un accident grave, résultant notoirement de l'exercice de leurs fonctions, met dans l'impossibilité absolue de les continuer. Dans ce dernier cas, la retraite peut être accordée, quels que soient l'âge et la durée des services des intéressés.

Services militaires

Les services militaires concourent avec les services civils pour établir le droit à pension et sont comptés pour leur durée effective, pourvu toutefois que la durée des services civils soit au moins de douze ans.

Les services militaires ne sont considérés comme terminés qu'au moment où ils cessent de droit, et non de fait.

Agents blessés dans le service ou à l'occasion du service

Je crois devoir rappeler de nouveau qu'afin de sauvegarder leurs droits ultérieurs, les agents blessés dans le service ou à *l'occasion du service* doivent, dans leur intérêt même, produire, soit un procès-verbal en due forme délivré par le maire sur l'attestation de deux témoins de l'accident, soit un acte de notoriété délivré par le juge de paix sur l'attestation de deux témoins ou de deux personnes qui ont été à même de connaître ou d'apprécier les conséquences de l'accident.

Lorsqu'un agent a été blessé, dans son service ou à l'occasion du service. par un animal domestique, le Directeur doit en être informé de suite, afin de pouvoir, en se basant sur les dispositions de l'article 1385 du Code civil, réclamer au propriétaire le remboursement des frais de maladie (visites du médecin, coût des médicaments, etc.), que le blessé aura à supporter. A moins de blessures graves ou de circonstances exceptionnelles, l'Administration n'intervient pas pour le payement d'une indemnité à l'agent blessé. Cette indemnité peut être réclamée par l'intéressé à ses risques et périls.

Pièces à produire à l'appui d'une demande de retraite exceptionnelle

Les justifications complémentaires à produire à l'appui d'une demande de pension de retraite exceptionnelle formée par un agent sont :

1° Un certificat du médecin qui donne habituellement des soins à l'agent;

2° Certificat d'un médecin assermenté;

3° Attestation de l'autorité municipale;

4° Attestation du chef de service.

Note importante. — Les certificats des médecins délivrés sur papier timbré et dûment légalisés doivent établir nettement, après l'énoncé des infirmités dont l'agent est atteint, que ces infirmités résultent *uniquement* de l'exercice de ses fonctions, et qu'elles le mettent dans l'impossibilité *absolue* de les continuer.

Il importe, en outre, et c'est le point essentiel, que les certificats soient très explicites en ce qui concerne la relation existant entre lesdites infirmités et les fonctions de l'agent. La rédaction « infirmités contractées *dans le service,* » ou toute phrase semblable, n'est pas admise par le Conseil d'État. Les attestations de l'autorité municipale et du chef de service *doivent corroborer* entièrement les déclarations des médecins. Ces attestations peuvent être écrites à la suite de l'un des certificats des médecins.

Si le médecin assermenté est en même temps le médecin ordinaire de l'agent, un seul certificat est nécessaire, mais ce certificat *doit faire mention de cette circonstance.*

Pièces à fournir par l'agent
comptant trente ans de service et ne réunissant
pas la condition d'âge

Les agents peuvent être reconnus hors d'état de continuer leurs fonctions, soit par suite d'incapacité morale, soit par suite d'incapacité physique.

Dans le premier cas, l'agent doit fournir un rapport de ses supérieurs faisant ressortir son état d'invalidité morale.

Dans le second cas, il doit produire :

1° Un certificat des médecins qui lui ont donné leurs soins ;

2° Un certificat du médecin assermenté ;

3° Un rapport de son supérieur hiérarchique.

Ces pièces doivent relater l'impossibilité dans laquelle se trouve l'agent de continuer utilement l'exercice de son emploi.

Droits des veuves et des orphelins
(Circulaire du 6 avril 1895)

Ont droit à une pension, à titre de réversion, les veuves des agents décédés en jouissance de pensions ou ayant, le jour du décès, vingt-cinq ans de service, soit dans la partie active, soit dans la partie sédentaire, pourvu qu'elles comptent six ans de mariage.

Le droit à la pension n'existe pas pour la veuve dans le cas de séparation de corps prononcée sur la demande du mari, ou dans le cas de divorce.

La pension de la veuve ne peut être inférieure à 100 francs.

Ont droit à un secours annuel, à titre de réversion, les orphelins *mineurs* d'un agent décédé après avoir obtenu sa pension ou ayant accompli la durée des services exigée par la loi (vingt-cinq ans de fonctions).

La loi du 28 avril 1893 stipule, en son article 50, que la veuve ou les orphelins mineurs d'un agent qui, au jour de son décès, comptait *vingt-cinq ans* de service, ont droit à pension, quel que fût l'âge du décédé, et alors même qu'il n'aurait pas rempli toutes les conditions réglementaires pour obtenir sa retraite immédiate s'il avait vécu.

D'un autre côté, la loi du 9 juin 1853, portant que la veuve ou les orphelins mineurs peuvent prétendre à une pension de retraite si l'agent s'était mis en instance pour avoir une retraite exceptionnelle, il en résulte que l'agent, en cas de maladie grave résultant de ses fonctions, doit se mettre lui-même en instance de retraite exceptionnelle et produire les certificats réglementaires pour que, en cas d'issue fatale, ses héritiers puissent prétendre à une pension.

Les demandes tendant à obtenir, à titre de réversion, une pension ou un secours annuel, doivent, sous peine de déchéance, être présentées dans un délai de cinq ans à partir du jour du décès du mari ou du père.

Pièces à produire par les veuves

1° Acte de naissance de la veuve;

2° Acte de décès du mari;

3° Acte de célébration du mariage;

4° Certificat de non-séparation de corps et de non-divorce délivré par le maire du lieu de la résidence de la veuve, *sur l'attestation de deux témoins;*

4

(Ces quatre pièces doivent être établies sur papier timbré et dûment légalisées);

5° Une déclaration de domicile de la veuve;

6° S'il y a lieu, une copie du titre de pension délivré au mari, ou une déclaration constatant la perte de ce titre.

Cette dernière pièce est remplacée par le relevé des services du mari, si ce dernier est décédé avant d'avoir obtenu pension.

Pièces à produire par les orphelins mineurs

1° Les actes de naissance des orphelins;

2° L'acte de décès de leur père;

3° L'acte de célébration du mariage de leurs père et mère;

4° Une expédition ou un extrait de l'acte en tutelle;

5° En cas de prédécès de la mère, son acte de décès;

6° En cas de séparation de corps, une expédition du jugement qui a prononcé la séparation, ou un certificat du greffier du tribunal qui a rendu le jugement;

7° Un certificat de vie des orphelins;

8° Un certificat constatant qu'il n'existe pas d'autres enfants mineurs que ceux désignés dans l'acte de tutelle;

Ces huit pièces doivent être délivrées sur papier timbré et dûment légalisées.

9° Une déclaration de domicile de tuteur;

10° Une copie, certifiée conforme, de titre de pension délivré au père, ou une déclaration constatant la perte de ce titre.

Payement des pensions

(Bulletin mensuel d'octobre 1876, page 468)

Les pensions sont payées par trimestre échu aux dates ci-après : 1er mars, 1er juin, 1er septembre, 1er décembre.

A Paris, le caissier-payeur central du Trésor public au Ministère des finances est chargé du payement des pensions.

Dans les départements, les pensions sont payées par les trésoriers-payeurs généraux.

Tout titulaire d'une pension doit présenter à l'agent payeur le certificat d'inscription de sa pension et un certificat de vie délivré par un notaire.

Lors du premier payement de sa pension, il présente en outre un certificat constatant la date exacte à laquelle il a cessé de recevoir un traitement d'activité. Ce certificat est délivré par le Directeur du département.

Les pensionnaires qui résident dans les départements peuvent être payés par l'entremise du percepteur de leur commune ou du receveur particulier des finances, entre les mains duquel ils auront à déposer à cet effet leur brevet de pension et le certificat de vie notarié.

Ces pièces seront envoyées au trésorier-payeur général, qui autorisera le payement de la pension. Au moment du payement, le percepteur ou le receveur particulier remettra le titre au pensionnaire, qui, tous les trois mois, devra remplir les mêmes formalités.

Payement aux héritiers des arrérages dus à un pensionnaire le jour de son décès

Pour recevoir les arrérages dus à un pensionnaire le jour de son décès, les héritiers doivent produire au trésorier-payeur :

1° L'acte de décès du pensionnaire ;

2° Son titre de pension ;

3° Un extrait d'intitulé d'inventaire, ou, à défaut d'inventaire, un certificat de propriété délivré par le juge de paix, constatant le nombre et la qualité des héritiers.

Si la somme à recevoir n'excède pas 50 francs, le certificat de propriété peut être délivré par le maire.

Payement de pensions par acomptes

(Article 156 de l'Instruction générale)

Les agents admis à la retraite *après avoir accompli les trente années de services réglementaires* et dont le traitement d'activité n'excédait pas 2,500 francs, peuvent recevoir, à titre de provision, les quatre cinquièmes du montant présumé de leur pension de retraite, jusqu'à la délivrance de leur certificat d'inscription; le bénéfice de cette disposition est également applicable aux veuves desdits agents *morts dans l'exercice de leurs fonctions.*

Cet acompte est payé mensuellement par le receveur principal du département où ils ont déclaré vouloir se fixer, mais sans pouvoir changer ultérieurement le lieu du payement de l'acompte.

Retenues pour les pensions civiles

Les retenues effectuées sur les traitements des agents en vue de leur pension de retraite sont versées à la Caisse des Dépôts et Consignations.

La Caisse des Dépôts et Consignations est représentée dans chaque département par le trésorier-payeur général.

Les retenues prescrites par la loi du 9 juin 1853, au profit des pensions civiles, sont :

1° Une retenue de 5 p. % sur les traitements;

2° La retenue totale du premier douzième de la première nomination, ou de la réintégration en cas de révocation, radiation des cadres ou démission;

3° La retenue du premier douzième de toute augmentation de traitement;

4° La retenue imposée dans certains cas à la suite de congés.

(Articles 1362, 1363, 1364 de l'*Instruction générale*.)

Les agents réintégrés après avoir été mis en disponibilité soit sur leur demande, soit même par mesure disciplinaire, n'ont pas à subir la retenue du douzième de traitement.

L'agent qui, par mesure disciplinaire ou par convenance personnelle, a été remis à un traitement inférieur, doit être soumis à la retenue du premier douzième des augmentations ultérieures. Les retenues par mesure disciplinaire ont été supprimées pour le personnel, mais elles ont été maintenues en ce qui concerne les entrepreneurs du transport des dépêches.

Saisie-arrêt

Par une loi en date du 12 janvier 1895, les traitements des agents et fonctionnaires ne sont saisissables que jusqu'à concurrence du dixième lorsqu'ils ne dépassent pas 2,000 francs par an. Au-dessus de 2,000 francs on rentre dans le droit commun, c'est-à-dire que la portion saisissable est du quart au-dessous de 6,000 francs, et du tiers sur les traitements excédant les six premiers mille francs.

Les receveurs ordinaires n'ont pas qualité pour recevoir les oppositions; dès lors, si un huissier leur présentait un exploit de saisie-arrêt, ils devraient en accepter la copie, tout en visant l'original dans les termes ci-après :

« Vu et reçu copie, sous la réserve qu'il ne pourra être
» tenu compte de l'opposition, le receveur principal du
» département ayant *seul* qualité pour y donner suite. »
(Décret du 18 août 1807, et article 13 de la loi du 9 juillet 1836).

Si, malgré ce visa, un comptable ordinaire était assigné en déclaration affirmative devant la justice de paix, il devrait déférer à la convocation du juge et lui faire connaître qu'aux termes de l'article 569 du Code de procédure civile, les comptables ne peuvent pas être assignés en déclaration affirmative; que, d'ailleurs, le receveur principal, dont il n'est pas le représentant, sur la caisse de qui les mandats sont délivrés, a *seul* la qualité de payeur (décret du 18 août 1807), et peut *seul* donner les renseignements prévus à l'article 6 du décret du 18 août 1807.

Toutefois, si les exigences du service ne permettaient pas au comptable de se rendre devant le juge à l'heure indiquée dans la convocation, il devrait faire connaitre, par écrit, à ce magistrat, l'impossibilité dans laquelle il se trouve de comparaitre, et reproduire dans sa lettre les dispositions ci-dessus énumérées de l'article 569 du Code de procédure civile et du décret du 18 août 1807.

Un receveur ordinaire, assigné en déclaration affirmative devant la justice de paix, doit en informer le Directeur sans aucun délai.

Allocations non saisissables

Les allocations non saisissables sont :
Les frais de régie,
Les frais d'aide,
Les secours,
Les frais de tournées,
Les frais de route,
Les frais de mission,
Les frais de premier établissement,
L'indemité pour service de nuit.

Participation des agents
aux deux services et moyenne de la durée des vacations exigibles

(Bulletin mensuel 1891, page 92)

Par une circulaire en date du 21 mars 1891, insérée au *Bulletin mensuel* d'avril 1891, page 92, l'Administration a fait connaitre que la moyenne des vacations exigibles des agents ne devait pas être inférieure à huit heures par jour, et qu'il était indispensable qu'un roulement fût établi dans les bureaux mixtes entre les agents du service postal et les agents du service télégraphique, afin de permettre au personnel de participer à toutes les opérations du double service des Postes et des Télégraphes, et d'acquérir ainsi les connaissances professionnelles nécessaires.

L'attention des receveurs a été appelée dans cette même circulaire :

1° Sur les inconvénients d'imposer un grand nombre de vacations dans une journée, vacations qui, à moins de circonstances exceptionnelles, ne doivent jamais dépasser trois ;

2° Sur le danger de faire effectuer le service de nuit pendant toute une année entière aux mêmes agents, ce qui pourrait compromettre leur santé.

Dans les bureaux simples, où des agents de l'État sont chargés d'assurer le service télégraphique seulement, et où le receveur doit assurer le service postal au moyen des frais d'aide qui lui sont alloués, les agents du service télégraphique doivent être mis à même de s'initier aux opérations postales, mais à la condition formelle que le service télégraphique soit assuré dans de bonnes conditions par les aides et par le receveur.

Il importe essentiellement que le roulement entre les agents de l'un et de l'autre service soit établi de manière à augmenter les connaissances professionnelles du personnel, et à ne pas compromettre la bonne exécution des opérations du guichet, du départ, de l'arrivée, de la transmission et de la réception des télégrammes.

Indemnité accordée aux agents en Algérie

(Art. 56 de l'Instruction générale et Bulletin mensuel de 1896, page 61)

Aux termes de l'article 56 de l'*Instruction générale*, les agents détachés en Algérie ont droit, depuis le jour de leur installation jusqu'au jour de la cessation de leurs fonctions inclusivement, à une indemnité coloniale égale au quart de leur traitement. Ces dispositions bienveillantes ont été très sensiblement modifiées par la loi du 26 décembre 1890, qui a maintenu cette indemnité pour les agents en fonctions au 31 décembre 1890, mais sans que le taux puisse en être élevé, lors même que ces agents recevraient une augmentation de traitement.

Les agents en Algérie *depuis le 1er janvier* 1891 n'ont donc plus droit à cette indemnité. Par mesure exceptionnelle, les commis auxiliaires en résidence en Algérie reçoivent, à titre d'indemnité de résidence, une allocation fixe de 200 francs par an.

Des indemnités fixes de résidence sont également allouées aux agents nommés dans certains bureaux de l'extrême sud algérien. Ces sortes d'indemnités varient suivant le grade de l'agent et la situation des bureaux.

Dans le département d'Alger, les receveurs reçoivent : à Boghar, 800 francs; à Boghari, 950 francs; à Bou-Saâda, 1,100 francs; à Chellala, 1,100 francs; à Djelfa, 1,250 francs; à Ghardaïa, 1,700 francs, et à Laghouat, 1,500 francs.

Les commis reçoivent : à Ghardaïa, 1,700 francs et à Laghouat, 1,500 francs.

Les surnuméraires ou commis auxiliaires reçoivent : à Boghari, 600 francs; à Djelfa, 800 francs; à Ghardaïa, 1,200 francs, et à Laghouat, 1,000 francs.

Dans le département de Constantine, les receveurs ont droit à une indemnité de 1,250 francs, à Biskra; de 1,500 francs à El-Oued; de 1,100 francs à Tébessa; de 1,500 francs à Tuggurth.

Les commis ont droit à une indemnité de 1,200 francs à Biskra, et de 1,100 francs à Tébessa.

Les surnuméraires ou commis auxiliaires ont droit à une indemnité de 800 francs à Biskra, et de 600 francs à Tébessa.

Dans le département d'Oran, les receveurs touchent 1,300 francs à Aïn-Sefra, 900 francs à Méchéria, 1,000 francs à Saïda, 900 francs au Kreider, 1,300 francs à Aflou, 900 francs à El-Aricha, et 1,100 francs à Géryville.

Les surnuméraires ou commis auxiliaires nommés à Saïda touchent une indemnité de 600 francs.

Situation des agents détachés aux colonies
(Bulletin mensuel d'août 1882, page 497)

Le service des Postes et des Télégraphes dans les colonies est assuré par des fonctionnaires et agents appartenant au cadre de la métropole, et mis à la disposition du Ministre des colonies, sur sa demande, par le Directeur général des Postes et des Télégraphes, qui conserve toujours la faculté de les rappeler.

En outre, les autorités coloniales peuvent faire concourir au même service, à titre d'auxiliaires, des agents locaux, qu'elles recrutent et qu'elles soldent directement.

Les règlements généraux concernant l'avancement et la situation du personnel continuent à être appliqués aux agents détachés aux colonies.

Des notes sur le service et la conduite des agents sont transmises tous les ans par le chef de service au Gouverneur, qui les fait parvenir au Ministre des colonies, pour être adressées à la Direction générale des Postes et des Télégraphes.

Les fonctionnaires et agents nommés dans les colonies reçoivent *en sus* de leur traitement de France, et à dater du jour de leur débarquement :

1° *Pour la Cochinchine*, une indemnité égale au double du traitement.

2° *Pour le Sénégal, la Nouvelle-Calédonie et la Guyane*, le supplément colonial est fixé ainsi qu'il suit :

Jusqu'au traitement de 2,000 francs exclusivement, le supplément est égal au traitement;

De 2,000 francs à 3,000 francs exclusivement, le supplément est de 1,500 francs;

De 3,000 francs à 4,000 francs exclusivement, le supplément est de 1,750 francs ;

De 4,000 francs à 6,500 francs exclusivement, le supplément est de 1,875 francs ;

A partir de 6,500 francs, le supplément est de 2,500 francs.

Il est en outre accordé aux agents une indemnité de logement variant suivant le traitement, savoir :

Au-dessous de 2,000 francs (traitement de France), 480 francs ;

De 2,000 francs à 4,500 francs exclusivement, 720 francs ;

De 4,500 francs à 6,500 francs, exclusivement, 1,110 francs ;

Au-dessus de 6,500 francs, 1,920 francs.

Avant leur départ, les agents détachés dans les colonies reçoivent, *à titre d'avance* :

Trois mois de leur traitement de France pour la Nouvelle-Calédonie ;

Deux mois de leur traitement de France pour la Cochinchine et la Guyane ;

Un mois de leur traitement de France pour le Sénégal.

Il leur est accordé, en outre, pour le trajet de leur résidence au port d'embarquement, des frais de route.

Directions régionales

Bulletin mensuel de juillet 1895, page 168)

Les Directions régionales ont été instituées par un décret de M. le Président de la République, en date du 9 juillet 1895.

Dans chaque région, le Directeur départemental résidant au chef-lieu prend le titre de Directeur régional.

Les départements de la France et de l'Algérie ont été groupés en douze régions.

Première région. — La première région, chef-lieu Lille, se compose des départements du Nord, du Pas-de-Calais, de la Somme, de l'Aisne et de l'Oise.

Deuxième région. — La deuxième région, chef-lieu Rouen, se compose des départements de la Seine-Inférieure, du Calvados, de l'Eure, de la Sarthe, de l'Eure-et-Loir, de la Mayenne et de l'Orne.

Troisième région. — La troisième région, chef-lieu Orléans, se compose des départements du Loiret, du Loir-et-Cher, de Seine-et-Marne, de l'Yonne, de l'Indre-et-Loire, de l'Indre, de Maine-et-Loire, des Deux-Sèvres et de la Vienne.

Quatrième région. — La quatrième région, chef-lieu Châlons-sur-Marne, se compose des départements de la Marne, des Ardennes, de l'Aube, de la Meurthe-et-Moselle, de la Meuse et des Vosges.

Cinquième région. — La cinquième région, chef-lieu Bourges, se compose des départements du Cher, de la Côte-d'Or, de la Nièvre, de Saône-et-Loire, du Doubs, de l'Ain, du Jura, de la Haute-Marne, de la Haute-Saône et du territoire de Belfort.

Sixième région. — La sixième région, chef-lieu Nantes, se compose des départements de la Loire-Inférieure, du Finistère, du Morbihan, de la Vendée, de l'Ille-et-Vilaine, des Côtes-du-Nord et de la Manche.

Septième région. — La septième région, chef-lieu Lyon, se compose des départements du Rhône, des Hautes-Alpes, de la Drôme, de l'Isère, de la Savoie, de la Haute-Savoie, du Puy-de-Dôme, de l'Allier, du Cantal, de la Loire et de la Haute-Loire.

Huitième région. — La huitième région, chef-lieu Marseille, se compose des départements des Bouches-du-Rhône, des Basses-Alpes, des Alpes-Maritimes, de l'Ardèche, de la Corse, du Gard, du Var et de Vaucluse.

Neuvième région. — La neuvième région, chef-lieu Toulouse, se compose de la Haute-Garonne, de l'Ariège, du

Gers, du Lot, du Lot-et-Garonne, de Tarn-et-Garonne, de l'Hérault, de l'Aude, de l'Aveyron de la Lozère, des Pyrénées-Orientales et du Tarn.

Dixième région. — La dixième région, chef-lieu Bordeaux, se compose de la Gironde, de la Charente-Inférieure, des Landes, des Basses-Pyrénées, des Hautes-Pyrénées, de la Haute-Vienne, de la Charente, de la Corrèze, de la Creuse et de la Dordogne.

Onzième région. — La onzième région, chef-lieu Alger, se compose des trois départements de l'Algérie.

Douzième région. — La douzième région, chef-lieu Paris, se compose des départements de la Seine et de Seine-et-Oise.

QUATRIÈME PARTIE

Sociétés de secours mutuels

Les sociétés de secours mutuels, très nombreuses en France, ont pour objet de secourir leurs membres en cas de maladie ou d'accident. Près de trois mille sociétés ne se contentent pas cependant de ce but modeste, elles accordent à leurs sociétaires, dans des conditions fixées par un règlement, des pensions viagères, proportionnelles à l'importance des versements effectués. Dans l'intérêt du personnel, il me paraît utile de faire connaître, dans cette quatrième partie, les conditions d'admission, les moyens d'action et les statuts de deux sociétés très importantes de secours mutuels dont font partie de nombreux fonctionnaires et agents des administrations de l'État.

Ces deux sociétés sont :

1° L'Association de prévoyance des employés civils de l'État;

2° L'Association amicale des Postes et des Télégraphes;

Les membres de la première de ces deux sociétés se recrutent parmi tous les agents des diverses administrations de l'État : Affaires étrangères, Agriculture, Colonies, Commerce, Postes et Télégraphes, Finances, Cour des Comptes, Receveurs des Finances et Percepteurs, Manufactures de l'État, Enregistrement, Domaine et Timbre,

Contributions directes, Contributions indirectes, Douanes, Guerre, Poudres et Salpêtres, Instruction publique et Beaux-Arts, Établissements littéraires et scientifiques, Enseignement, Manufactures nationales, Intérieur et Cultes, Établissements pénitentiaires, Justice, Marine, Travaux publics, Ponts et Chaussées et Parlement.

Les membres de la seconde société ne se recrutent que parmi le personnel des Postes et Télégraphes (*Agents commissionnés*).

Association de prévoyance des employés civils de l'État

L'Association de prévoyance des employés civils de l'État a été reconnue d'utilité publique par un décret en date du 9 avril 1894, et, par suite, ayant *la personnalité civile*, elle peut recevoir des dons, des legs, et ester en justice. Cette société a pour but :

1° De constituer en faveur des membres sociétaires, de leurs veuves ou de leurs orphelins mineurs, une pension absolument distincte de celle de l'État;

2° De venir en aide, par des secours, aux veuves et aux orphelins des membres sociétaires;

3° De prêter aux membres de l'Association le montant des cautionnements dont ils peuvent avoir besoin, moyennant un intérêt de 5 %.

Les conditions requises pour faire partie de l'Association de prévoyance des employés civils de l'État sont :

1° Être employé civil et avoir droit à une pension de l'État;

2° S'engager à verser une cotisation mensuelle de 5 francs pendant la première année, et 3 francs pendant les années suivantes.

Tout fonctionnaire, employé ou agent de l'Administration civile de l'État, qui désire faire partie de l'Association, doit adresser au président une lettre d'adhésion, en justifiant de sa qualité.

Les surnuméraires et commis auxiliaires peuvent faire partie de l'Association à leurs risques et périls.

Chaque sociétaire reçoit après le payement de sa première cotisation, un exemplaire des statuts et du règlement, ainsi qu'une carte qui établit sa qualité de sociétaire.

Ont droit à la pension les sociétaires qui remplissent simultanément les trois conditions suivantes :

1° Être admis à la retraite administrative;

2° Avoir jusque-là continué de verser la cotisation mensuelle;

3° Compter, au moment de la retraite administrative, au moins vingt années de participation effective.

Ont droit également à la pension les sociétaires qui, restés dans l'Association en vertu de l'article 5 des statuts, remplissent les trois conditions suivantes :

1° Être âgé de soixante ans au moins;

2° Compter à ce moment au moins vingt années de participation effective;

3° Avoir jusque-là continué de verser la cotisation mensuelle.

La condition d'âge stipulée ci-dessus pourra être supprimée, et la condition de durée de participation pourra être abaissée à quinze ans pour les sociétaires qui auront été retraités prématurément, pour cause d'accidents survenus ou d'infirmités contractées dans le service.

La pension est calculée au prorata des années de participation.

Ont, en outre, droit à pension, dans les conditions ci-dessous déterminées, les veuves non remariées ou les orphelins mineurs :

1° Des pensionnaires;

2° Des sociétaires ayant fait partie de l'Association pendant vingt ans au moins.

La veuve doit avoir été mariée trois ans avant la cessation de participation de son mari à l'Association.

La pension des veuves et des orphelins est des deux tiers de celle que le sociétaire avait obtenue ou aurait pu obtenir.

Les pensions sont payées par semestres échus, sur le vu du titre délivré par l'Association, et sur la production d'un certificat de vie délivré par le maire.

Un secours immédiat est accordé aux veuves ou aux orphelins mineurs au jour du décès du sociétaire, ayant fait partie de l'Association pendant deux ans au moins.

Des secours éventuels peuvent être accordés aux veuves ou aux orphelins mineurs lorsque le sociétaire, comptant au moins cinq ans de participation, sera mort sans leur laisser de droit à pension.

Les demandes d'envoi de statuts, ainsi que les demandes de feuilles d'adhésion, doivent être adressées au président de la Société, 81, rue de Grenelle, à Paris.

Quelques bourses sont réservées annuellement à l'Association par les Ministres de l'Instruction publique, du Commerce et de l'Industrie.

La pension servie jusqu'ici aux pensionnaires a été basée sur une annuité de huit francs par année de participation.

Association amicale des Postes et des Télégraphes

L'Association amicale des Postes et des Télégraphes, approuvée par un arrêté du Ministre de l'Intérieur, en date du 18 avril 1879, a pour but :

1° D'allouer une indemnité pécuniaire aux membres participants malades ;

2° De pourvoir à leurs funérailles ;

3° De donner des secours à leurs veuves, orphelins ou ascendants ;

4° De constituer un fonds de retraite en faveur de ses membres.

Les membres participants doivent payer :

1° Un droit d'entrée basé comme suit :

Jusqu'à trente ans . . . .   5 francs.
De trente à quarante ans   10   —
De quarante à cinquante ans . . .   20   —

2° Une cotisation mensuelle et proportionnelle à l'âge du sociétaire au moment de son admission. Cette cotisation varie entre 2 francs et 6 francs par mois, de façon à donner, à soixante ans, un total général s'élevant à 960 francs.

La Société alloue à ses membres une indemnité pour maladie dûment constatée, ayant occasionné une incapacité de travail excédant vingt jours. La Société concourt aux frais funéraires des membres participants dans la limite d'une dépense de 200 francs, y compris une concession de cinq ans, qui est obligatoire.

Une somme de 300 francs est en outre remise immédiatement à la veuve, aux orphelins ou aux ascendants, pourvu que ces derniers soient âgés de soixante ans au moins, et qu'il soit établi que le décédé était leur soutien.

Le droit de l'indemnité pour maladie, aux secours en cas de décès, n'est acquis qu'après six mois de participation.

La quotité de la pension, égale pour tous les ayants droit, est fixée annuellement par l'assemblée générale, sur la proposition faite par le conseil.

Les demandes d'admission doivent être adressées au président de l'Association amicale des Postes et des Télégraphes.

De l'examen des renseignements qui précèdent, il résulte que chaque société a ses avantages particuliers.

Je ne crois pas devoir indiquer ici une préférence quelconque pour l'une de ces deux sociétés.

Qu'il me soit permis seulement de prier les sociétaires faisant partie de l'une ou de l'autre de ces associations de faire une propagande des plus actives, de façon à les faire connaître, à les faire apprécier, à augmenter le nombre des adhérents, et à contribuer ainsi au succès de ces sociétés, qui rendent de si grands et de si réels services au personnel de l'Administration des Postes et des Télégraphes.

Que chaque associé recrute parmi ses collègues un camarade pour l'Association dont il fait partie; que ceux qui ne sont pas encore membres de l'Association de prévoyance des employés civils de l'État ou de l'Association amicale des Postes et des Télégraphes n'hésitent pas à se faire communiquer les statuts, à se rendre compte des avantages offerts, et à donner ensuite leur adhésion à l'une ou l'autre de ces sociétés.

TABLE

ALPHABÉTIQUE ET ANALYTIQUE

DES MATIÈRES

D

E

F

I

L

M

Typographie Oberthür, Rennes (168-26)

9 782013 283427